GAELIC IS FUN!

Foillsichte sa Chuimrigh 1971,
Deilbhte agus dèanta le Y Lolfa,
Talybont, Dyfed, Cymru.

First published in Wales 1971
Designed and published by Y Lolfa,
Talybont, Dyfed, Wales.

Air fhoillseachadh an Alba le Acair
7 Sràid Sheumais, Steòrnabhagh, Leòdhas 1989

Chuidich Comhairle nan Leabhraichean am foillsichear le cosgaisean na h-iris seo

GAELIC IS FUN!

A NEW COURSE IN GAELIC FOR THE BEGINNER

Gaelic Version: Colm Ó Baoill

Based on the original *Welsh is Fun* by Heini Gruffudd, MA and Elwyn Ioan

Colm Ó Baoill acknowledges with gratitude the help of students and staff in Aberdeen University's Celtic Department, especially Seumas Grannd and Donald MacAulay.

The Publishers are grateful for financial assistance received from The Highlands and Islands Development Board, also for support received from BBC Telebhisean na Gàidhlig and Radio nan Gaidheal, Comann na Gàidhlig and Grampian Television.

Read this first!

1. You want to learn Gaelic? This book will give you an enjoyable start. We hope that you'll be hooked by the time you finish it.

2. Don't give up. If you can speak English you can learn Gaelic. All it needs is time and determination.

3. A little at a time is the best way to learn.

4. Use your Gaelic whenever you can—most Gaelic speakers will be on your side. If you can't understand them say:

Can a-rithist e.
(kan a *ree*-eestch ay)
Say it again.

You can add:
Tha mi ag ionnsachadh (Gàidhlig).
(ha mee a *gewn*-sacha (*gahl*-ig))
I am learning (Gaelic).

5. There are two types of people who will criticise this book to you on linguistic/dialect/pedagogic/methodological/lexical/grammatical/moral/aesthetic grounds.

The first type will offer to teach you better. Accept. They probably will.

The second type are begrudgers, pedants, no-hopers, dead-heads—maybe anti-Scots! Who needs them?

6. If they complain that it is an act of political extremism to learn Gaelic, agree. They're right.

7. When you've finished with this book there are plenty of other courses in Gaelic. Some of them, like Gàidhlig Bheò and Can Seo, are accompanied by tapes or cassettes.

8. It is very difficult to learn to use a language actively without lots of practice. Classes are a great help. Even better is a friend who's prepared to speak Gaelic to you while you learn. If you find one of these, stick to her/him like wallpaper.

9. We have ignored dialect differences in this book as far as possible. The dialects have different ways of saying some things. "How are you?" is "Ciamar a tha thu?" in Skye and "Dè man a tha thu?" in Lewis. Pronunciation can also vary. The best advice to the learner is to pick one dialect and learn it first.

Contents

Spelling & pronunciation

Gaelic is more or less phonetically spelt, but the actual spelling system is quite complex. This is because 18 letters have to be manipulated to cover 60-odd sounds. (There is no **j, k, q, v, w, x, y, z.**)

Many sounds in Gaelic do not exist in English. A native speaker of Gaelic, in the flesh or on tape, is the best guide and this book can only be a poor substitute. But if you follow it closely you'll probably sound as good as any other beginner.

VOWELS AND CONSONANTS

Consonants may be pronounced in different ways depending on the vowels occurring beside them.

BROAD VOWELS: A, O, U.
SLENDER VOWELS: I, E.

A consonant occurring beside a broad vowel is called a broad consonant, and one beside a slender vowel is a slender consonant. The rule is "Slender to slender and broad to broad", which means that a consonant preceded by a slender vowel cannot be followed by a broad one (and *vice*, of course, *versa*).

A slender consonant is most often pronounced as if it were followed by a y-sound (like the 'c' in 'cure').

c	:	always a k-sound, never an s-sound.
d broad	:	thicker than the English 'd'. Try putting the tip of the tongue behind the lower teeth.
d slender	:	j-sound (as in 'duke').
ll slender, and **l**- slender at the beginning of a word	:	'ly' sound, like 'l' in 'value'.
nn slender, and **n**-slender at the beginning of a word	:	'ny' sound, like 'n' in 'new'.
r slender	:	impossible to describe. Like a cross between an 'r' and a 'y'.
s slender	:	like English 'sh'.
t broad	:	thicker than the English 't'. Put tip of tongue behind lower teeth.
t slender	:	'tch' sound (as in 'tune').

LENITED CONSONANTS

(Consonants followed by 'h'. The sound is changed.
For further explanation see page 67.)

bh	}	:	like 'v'
mh			
ch		:	as in 'loch'
dh	} broad	:	Not in English. A voiced sound at the back of the throat.
gh			
dh	} slender	:	like 'y'
gh			
fh		:	no sound
sh		:	like 'h'
th		:	like 'h'; but between two vowels it sometimes has no sound.

ACCENT

Accent is almost always on the first syllable of a word.
In phrases and sentences in this book we have printed
the main stressed syllables in italics.

LENGTH

A mark like the French grave accent (˜) over a vowel
makes the vowel long.

SOME VOWELS

ea is usually pronounced like a short 'eh'
ò is usually pronounced like 'aw'
ao is pronounced a bit like a long 'u' with the mouth
half open (or imitate the posh English 'ur' in
'curve')
eu represents a long è-sound, like 'ey'

8

NA LEASAIN

The Lessons

NOW BEGIN!

1

Latha math.
(*la-a mah*)
Good day.
Fàilte.
(*faal*-tche)
Welcome.

2

Latha math dhut fhèin.
(la-a *mah* ghoot *heyn*)
Good day to you (reply).

3

Ciamar a tha thu?
(*kim*-ar-a *ha* oo)
How are you?

4

Tha gu math, tapadh leat.
(*ha* gu *mah*, tap-a let)
Very well, thank you.

5

Chan eil dona, tapadh leat.
(Cha *nyel donna*, tapa let)
Not bad, thank you.

6

Thalla, a bhalgair.
(*hal-à a val-a-ger*)
Get away, you beast.

7

Thig a-staigh.
(*hig a stye*)
Come in.

8

Slàn leat.
(*slàn* let)
Good-bye.

doras

Ciamar—how
math—good
gu math—well
dona—bad
thig—come
thalla—get away
slàn leat—good-bye
a-staigh—in
a-mach—out
latha math—good day
tapadh leat—thank you

CLEACHDADH (klech-gagh)

(Read these words and sentences aloud, and then translate them into English.)

Fàilte...
Thig a-staigh..
Ciamar a tha thu?...................................
Chan eil dona ....
Latha math...
Thalla..
Thig a-mach..
Thalla a-mach...
Slàn leat...

Leasan a Dhà
(Lesson 2)

AN AIMSIR
(The Weather)

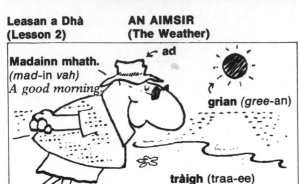

Madainn mhath.
(mad-in *vah*)
A good morning.

ad

grian (*gree*-an)

tràigh (traa-ee)
beach

1

Tha e brèagha.
(ha ay *bree*-aa)
It's fine.

2

Tha gu dearbh.
(*ha* gu *jar*-av)
It is indeed.

neapaigear (nyep-ig-ar)
handkerchief

3

Tha an t-uisge ann an-dràsda.
(ha an *tooshk*-yown an *draa*-sta)
It's raining just now.

4

Tha e eagalach fuar.
(ha ay *eg*-ul-ach *foo*-ar)
It is terribly cold.

lèine
shirt

am muir (am *murh*)
the sea

5

Tha e gu math teth.
(ha ay gu *mah tcheh*)
It's fine and hot.

gainmheach
(*gana*-vach)
sand

6

7

Tha e sgòthach.
(ha ay *scaw*-ach)
It's cloudy.

16

8

Oidhche mhath a-nise.
(*eech*-ye *vah* a *nish*-e)
Good night now.

Tha e—he/it is
teth—hot
fuar—cold
gu math teth—fine and hot
eagalach—terrible
an aimsir (an *ama*-shir)—the weather
oidhche—night
oidhche mhath—good night
an-dràsda—just now
a-nise—now

CLEACHDADH

Tha e gu math teth ....
Tha e teth ....
Oidhche mhath ....
Tha e fuar a-nise ....
Tha e fuar ....
Tha am muir gu math teth ....
Ciamar a tha thu? ....
Tha an t-uisge ann ....

17

1

An toir thu dhomh pinnt?
(an *tor* oo gho *peench*)
Please give me a pint.

duine
(du-nye)
man

stòl →

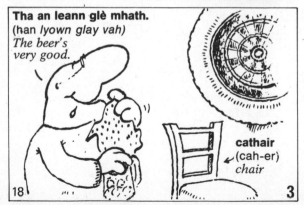

2

Not, mas e do thoil e.
(not, ma shay do *hol* ay)
A pound, please.

Tapadh leat.
(tapa *let*)
Thanks.

fear an taighe
(fer an *teh*-ye)
the landlord

glainne
(glanye)
glass

3

Tha an leann glè mhath.
(han *lyown glay vah*)
The beer's very good.

cathair
(cah-er)
chair

18

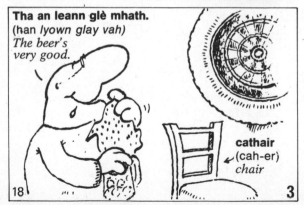

4

Tha e ag òl mòran.
(ha e *gawl mohr*-an)
He's drinking a lot.

toitean
(*totch*-an)
cigarette

Tha an teine teth agus tha mi cofhurtail.
(han *tchen*-e *tcheh* agus ha mi *co*-hurst-al)
The fire's hot and I'm comfortable.

bòrd
table

5

ceò (kyaw)
smoke

An toir thu dhomh pinnt eile?
(an *tor* oo gho *peench* el-e)
Please give me another pint.

làmh
hand

pìob (peeb)
pipe

6

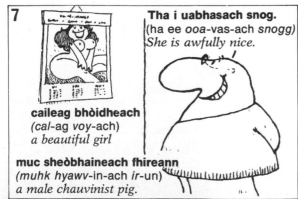

7

Tha i uabhasach snog.
(ha ee *ooa*-vas-ach *snogg*)
She is awfully nice.

caileag bhòidheach
(*cal*-ag *voy*-ach)
a beautiful girl

muc sheòbhaineach fhireann
(*muhk hyawv*-in-ach *ir*-un)
a male chauvinist pig.

8 sròn
(strawn)
nose

Ha hà! Tha e air mhisg.
(ha ay er *vishk*)
Ha ha! He's drunk.

làr
floor

19

san taigh-sheinnse (san tie *heyn*-sheh)
        —in the pub

teine—fire
tha mi—I am
tha i—she is
cofhurtail—comfortable
eile—(an)other *(comes after the noun)*
agus—and
an toir thu dhomh?—will you give me?
mas e do thoil e—please
glè—very
leann—beer
pinnt—a pint
not—a pound *(money)*
ag òl—drinking
air mhisg—drunk
mòran—a lot
saor—cheap
daor—dear

NOTE:

caileag—girl
a' **c**h**aileag**—the girl
(caileag is feminine)

AIREAMHAN/NUMBERS

Counting *numbers*		**Counting** *things*
1	a h-aon	aon phinnt
2	a dhà	dà phinnt
3	a trì	trì pinnt
4	a ceithir	ceithir pinnt
5	a còig	còig pinnt
6	a sia	sia pinnt
7	a seachd	seachd pinnt
8	a h-ochd	ochd pinnt
9	a naoi	naoi pinnt
10	a deich	deich pinnt

CLEACHDADH

Tha i cofhurtail...
Tha mi ag òl ....
Tha e air mhisg a-nise ....
Tha an leann math......................................
Pinnt eile ....
Caileag eile...

20

Leasan a Ceithir
(Lesson 4)
AN CAR
(The Car)

1 **An toir thu dhomh fiach ceithir not de pheatroil?**
(an *tor* oo gho *fee*-ach *keh*-ir *not* de *fet*-rol)

cuibhle
(quee-le)
wheel

Please give me four pounds worth of petrol.

Tha am peatroil a-staigh. Ceithir not, mas e do thoil e.
The petrol is in. Four pounds please.

2

Seo dhut. Còig not.
Here you are, five pounds.

Seo dhut an iomlaid. Not.
3 *Here's the change. A pound.*

An toir thu dhomh uisge cuideachd? **4**
Please give me water too.

21

5

Seo an t-uisge. Ceart gu leòr?
Here's the water. O.K.?

6

Tha a' chaileag seo a' dol do Dhùn-Dè.
This girl's going to Dundee.

caileag bhòidheach
beautiful girl

7

Tha mi a' dol do Pheairt.
I'm going to Perth.

màileid
suitcase

22

8

Tha poileas a' tighinn don chàr.
A policeman is coming to the car.

càr brèagha
a fine car

galan—gallon
seo dhut—here's/here you are *(handing something to somebody)*
seo. . .—here is. . . *(showing something)*
seo an càr—here is the car
an toir thu dhomh?—will you give me?
a' chaileag seo—this girl
brèagha—fine
uisge—water
a' dol—going
a' tighinn—coming
do—to
don—to the
cuideachd (kooj-achk)—too/also
fiach—worth/value
peatroil—petrol
a-staigh—in(side)
iomlaid—change *(money)*

There's no word for "a" in Gaelic.
caileag—girl/a girl

Sometimes you'll see "h" after the first letter of a word, e.g. **dà ghalan, glè mhath.** This is called LENITION, and it changes the sound of the letter. For example, "ph" is pronounced like "f", "th" is pronounced like "h". (See page 67 for a fuller explanation and page 8 for pronunciation.)

CLEACHDADH

Tha e a' dol don chàr ....
Aon chàr, dà chàr ....
Dà phinnt, trì pinnt...................................
An càr seo ....
Seo am poileas ....
Seo a' chaileag...
Seo dhut..
An toir thu dhomh uisge?...........................

1 **Thàinig sinn o Dhùn-Eideann.**
We came from Edinburgh.

leabhar

2 **Bu toigh leinn fuireach an seo a-nochd.**
We would like to stay here tonight.

Tha sibh fadalach. **3**
You are late.

cloc

Chan eil, gu dearbh. Tha sinn tràth.
Indeed we aren't. We are early.

poca

5

Bu toigh leotha leabaidh agus bracaist.
They would like bed and breakfast.

6

Sin còig not air fhichead an duine.
That's twenty-five pounds each.

manaidsear →

7

Am bu toigh leibh leabaidh aon neach?
Would you like a single bed?

8

cùrtairean →

Tha iad san leabaidh a-nise.
They are in bed now.

plaide
(blanket)

25

Tha sinn—we are
tha sibh—you (pl) are
tha iad—they are
chan eil sinn—we are not

bu toigh leam—I would like
bu toigh leat—you would like
bu toigh leis—he would like
bu toigh leatha—she would like
bu toigh leinn—we would like
bu toigh leibh—you (pl) would like
bu toigh leotha—they would like
am bu toigh leat. . .?—would you like. . .?
am bu toigh leibh. . .?—would you (pl)
    like. . .?

ANSWER
Yes—**Bu toigh l'**
No—**Cha bu toigh l'**

taigh-òsda—hotel
o—from
fadalach—late

tràth—early
aon neach—one person
fuireach—to stay
a-nochd—tonight
leabaidh—bed
bracaist—breakfast
an seo—here
duine—a person
not an duine—a pound each

CLEACHDADH

Am bu toigh leat bracaist? ....
Am bu toigh leat pinnt? ....
Am bu toigh leat fuireach an seo? ....
Bu toigh leam pinnt ....
Bu toigh leam leabaidh aon neach..............
Bu toigh leam fuireach, mas e do thoil e ...
....
Tha mi fadalach..
Tha iad tràth ....

26

SA' BHUS
(In the Bus)

1

À bheil am bus a' tighinn?
Is the bus coming?

Chan eil. Tha am bus fadalach.
No. The bus is late.

cabhsair

← deise

2

rathad

A bheil e a' tighinn a-nise?
Is it coming now?

Tha, mu dheireadh thall.
Yes, at long last.

3

A bheil thu a' dol don tràigh?
Are you going to the beach?

Chan eil. Tha mi a' dol don bhaile-mhòr.
No. I'm going to the town.

4

Ticeard don tràigh agus ticeard don bhaile-mhòr.
A ticket to the beach and a ticket to the town.

Tapadh leat.
Thanks.

5

Ticeard dhut fhèin agus do do charaid?
A ticket for youself and for your friend?

Seadh, dà thiceard.
Yes, two tickets.

6

Dè na tha iad?
How much are they?

Not agus leth-cheud sgillinn.
£1.50

7

Co às a tha thu?
Where are you from?

Inbhir Nis. Co às a tha thu fhèin?
Inverness. Where are you from yourself?

Glaschu.
Glasgow.

8

A bheil mi air a' bhus cheart?
Am I on the right bus?

Tha.
Yes.

Seadh can mean "yes" in a small number of cases, but generally to say YES or NO you repeat the verb of the question. In this case "Tha" (Yes) and "Chan eil" (No).

a bheil mi?—am I?
a bheil thu?—are you?
a bheil e?—is he?
a bheil i?—is she?
a bheil sinn?—are we?
a bheil sibh?—are you (pl)?
a bheil iad?—are they?

mu dheireadh thall—at long last
don—to the
ticeard—ticket
caraid—friend
leth-cheud—fifty
no—or
sgillinn—penny
co às a tha thu?—where are you from?
air—on
ceart—right/correct
ceart gu leòr—alright/O.K.

CLEACHDADH

Dè na tha e? ....
Tha am bus a' tighinn ....
Co às a tha thu? ....
Tha e air a' bhus cheart ....

Answer 'Yes' and 'No':

A bheil mi fadalach? ....
A bheil sibh tràth? ....
A bheil thu san leabaidh? ....
A bheil e an seo? ....
A bheil e a' tighinn? ....

Leasan a Seachd
(Lesson 7)

SA' BHUTH
(In the Shop)

boireannach
(bor-un-ach)

còta

silidh *(jam)*

30

Bu toigh leam. . .
I would like. . .

Thoir dhomh. . .
Give me. . .

càise
pùnnd ìm
pinnt bainne
dà phùnnd siùcar
beagan ùbhlan
poca buntàta
currain
lof arain
bocsa uighean
canastair brot
canastair bradan. . .

. . . mas e do thoil e
(please)

£2.00 am pùnnd

càise *(cheese)*

càl
(cabbage)

bananathan

bradan *(salmon)*

A bheil siabann agad?
Have you soap?

salach
(dirty)

£1.30 am pùnnd

ìm
(butter)

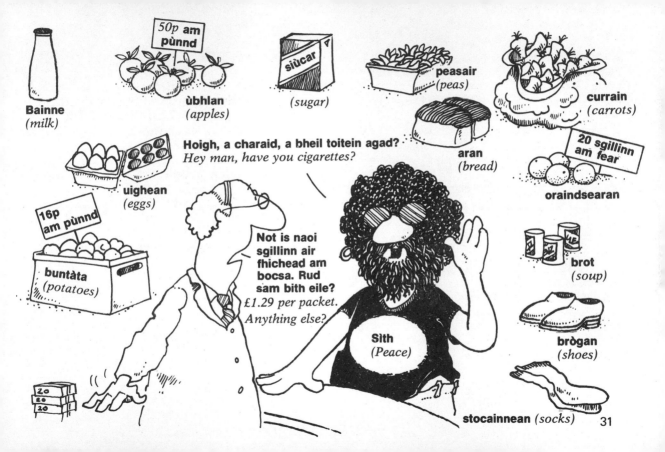

Thoir dhomh—give me
pùnnd—a pound (weight)
poca—a bag
lof arain—a loaf of bread
bocsa—a box
canastair—a tin
beagan—a few
beagan ùbhlan—a few apples

Numbers 3-10 also take the plural:

còig ùbhlan—five apples

dà ugh—two eggs

. . . am fear— . . .each/apiece
boireannach—woman
am boireannach—the woman
("boireannach" *is masculine!*)
caraid—friend
sam bith—any
rud sam bith—anything
fichead—twenty
trì air fhichead—twenty-three
ceithir fichead—eighty

32

CLEACHDADH

Thoir dhomh lof arain..........................
Thoir dhomh dà phùnnd buntàta.............
....
Thoir dhomh bocsa toitein ....
Thoir dhomh siùcar ....
Mas e do thoil e ....
A bheil ùbhlan agad?...........................
    (see page 44)
A bheil bainne agad? ....
A bheil còta agad? ....
Rud sam bith eile? ....
An toir thu dhomh beagan ùbhlan? ....
....

FREAGAIR/ANSWER

A bheil oraindsearan agad? ....
A bheil toitean *(singular)* **agad?**.................
....
Am bu toigh leat toitean? ....
    (see page 26)
Am bu toigh leat bainne? ....

1

Tha sinn a' dol a-mach a-nochd.
We're going out tonight.

cabhsair

2 Am bu toigh leat a dhol don taigh-dhealbh?
Would you like to go to the cinema?

eaglais
(church)

Chan eil fhios agam.
I don't know.

Gabh mo leisgeul. Càite bheil an taigh-dhealbh?
Excuse me. Where is the cinema?

Timcheall an oisein.
Round the corner.

Tapadh leat.

3

Bu toigh leam cupan tì an-dràsda.
I'd like a cup of tea just now.

Ach bu toigh leam-sa dol a choiseachd.
But I'd like to go walking.

4

33

Bùth leabhar
Bookshop

Bùidsear
Butcher

Leabhar-lann
Library

Tha an taigh-dhealbh air cùl nam bùithtean. Tha an leabhar-lann air do làimh chlì, agus Oifis a' Phuist air do làimh dheis.
The cinema is behind the shops. The library is on your left hand side and the Post Office is on your right.

5/6

An t-Uilebheist o'n Iarmailt A-muigh

4.00 agus 7.00

The monster from Outer Space

34

Dè an uair a thòisicheas e?
What time does it start?

Aig seachd uairean.
At 7 o'clock.

7

Dè na tha ticeard?
How much is a ticket?

Dà not am fear.
£2 each.

Taigh-beag
(toilet)

Thoir dhomh dà thiceard.
Give me two tickets.

8

dè na tha. . .?—how much is. . .?
dè an uair?—what time?
dè an uair a tha e?—what time is it?
càite bheil. . .?—where is. . .?
cupan tì—a cup of tea
uairean—hours
tha e aon uair deug—it's 11 o'clock
tha e dà uair dheug—it's 12 o'clock
gabh mo leisgeul—excuse me
taigh-beag—toilet
Oifis a' Phuist—the Post Office
eaglais—church
leabhar-lann—library
chan eil fhios agam—I don't know
timcheall an oisein—round the corner
bu toigh leam-sa—*I* would like *(emphatic form)*
an taigh-dhealbh—the cinema

CLEACHDADH

Tha sinn a' coiseachd a-nochd ....
Chan eil fhios agam ....
Gabh mo leisgeul ....
Dè an uair a tha e? ....

Tha e. . .
    ochd uairean *(see page 65)*
    naoi uairean
    dà uair
    còig uairean

Dè na tha. . .
    lof arain? ....
    poca buntàta? ....
    pinnt bainne? ....

Càite bheil. . .
    Oifis a' Phuist?
    an leabhar-lann?
    an taigh-beag?

Càite bheil thu ag obair?
Where are you working?

craobh

Tha mi ag obair san fhactoraidh.
I'm working in the factory.

1

Tha mi a' faighinn ceithir fichead not 's a deich san t-seachdain. 2
I'm getting £90 a week.

craobh eile

brusgar
(rubbish)

ceum
(path)

suidheachan
(seat)

A bheil mòran dhaoine ag obair an sin?
Are there a lot of people working there?

eun

cù

Tha. Dà cheud.
Yes. Two hundred.

36

3

Càite bheil thu a' dol an-dràsda? 4
Where are you going just now?

Tha mi a' dol dhachaigh.
I'm going home.

37

ag obair—working
a' faighinn—getting
seachdain—week
san t-seachdain—per week
daoine—people
duine—person
factoraidh—factory
san/sa'—in the
ceud—100
trì fichead—60
dhachaigh—homewards
dè tha sin?—what's that?
a' dùnadh—closing
fhathast—yet
tha thu fortanach—you're lucky
gu dearbh—indeed
cù—dog
tha mise—I am *(emphatic form of* Tha mi*)*
slàn leat—goodbye

CLEACHDADH

Tha e ag obair ....
Tha e a' dùnadh ....
Tha mi a' faighinn ceud not ....
Tha mise ag obair ....
Dè tha sin? ....
Sin an cù ....
Tha e a' dol dhachaigh ....
Càite bheil thu ag obair? ....
....
Càite bheil thu a' dol? ....
....

Leasan a Deich
(Lesson 10)

SAN TAIGH-BIDH
(In the Restaurant)

1

Am bu toigh leibh bracaist?
Would you like breakfast?

Cha bu toigh l', amadain.
Tha e ceithir uairean feasgar.
No, you fool. It's four o'clock in the afternoon.

sabhs

2

Agus cha toigh leam tì. Bu toigh leam cofaidh.
And I don't like tea. I'd like coffee.

3

dealbh →

Chan eil an cofaidh deiseil fhathast.
The coffee isn't ready yet.

4

Chan eil e deiseil? Chan eil sinn a' tighinn an seo a-rithist.
It isn't ready? We're not coming here again.

39

5

Cha toigh leam aran agus ìm, agus cha toigh leam cèic, agus. . .
I don't like bread and butter, and I don't like cake, and. . .

sgian agus forc

cupan

6

1. siùcar
2. bobhla
3. spàin
4. piobar
5. salann
6. siuga

Cha toigh leis brot agus cha toigh leatha tost agus. . .
He doesn't like soup and she doesn't like toast and. . .

7

Nach toigh leat càil?
Do you not like anything?

CAIRT BIDH
Menu

Cha toigh l'. Chan eil sinn ag ithe an seo.
No! We're not eating here.

8

Tha sinn a' falbh. Tha sinn a' dol don taigh-òsda.
We're going. We're going to the hotel.

is toigh leam—I like
is toigh leat—you like
is toigh leis—he/it likes
cha toigh leam—I don't like
cha toigh leinn—we don't like
an toigh leat?—do you like?
an toigh leibh?—do you (pl) like?
nach toigh leat?—do you not like?
nach toigh leotha?—do they not like?

   YES—Is toigh l'
   NO—Cha toigh l'

bu **toigh leam**—I *would* like
            (see page 26)

diathad—dinner
amadan—fool
cofaidh—coffee
feasgar—(in the) afternoon
taigh-bìdh—restaurant
deiseil—ready
fhathast—yet/still
a-rithist—again
cèic—cake
tost—toast
ag ithe—eating
a' falbh—going (away)
càil—anything/nothing

CLEACHDADH

Am bu toigh leat tì? ....
Nach toigh leat tì? ....
Bu toigh leam tì ....
Is toigh leam tì ....
Tha mi deiseil a-nise ....
Chan eil mi deiseil fhathast ....
Cha toigh leis càil ....
Tha mi a' falbh ....
Tha mi ag ithe a-nise ....

41

Leasan a h-Aon Deug
(Lesson 11)

àireamh a trì
(No.3)

AN CORP AGUS AODACH
(The Body and Clothing)

cluas
(ear)

falt
(hair)

sùil

ceann
(head)

sròn

gàirdean
(arm)

fiaclan
(teeth)

beul
(mouth)

sgòrnan
(throat)

làmh
(hand)

brù
(belly)

drathars
(underpants)

cas
(leg)

cas
(foot)

stocainn

blabhs
(blouse)

brà

broilleach
(breast)

seacaid

briogais
(trousers)

taidhe
(tie)

deise
(suit)

speuclairean

lèine
(shirt)

pòcaid

feusag

còta mòr
(overcoat)

sgiort
(skirt)

bòtainn
(boot)

bròg
(shoe)

froca
(dress)

còta-bàn
(petticoat)

42

Tha làmh agam.
I've got a hand.

Tha cas aice.
She has a leg.

Tha pìob mhòr agam.
I've got a big pipe.

Tha briogais aige.
He has trousers.

Chan eil ciall sam bith agad.
You have no sense.

taigh-seinnse

Chan eil casan againn.
We have no legs.

Chan eil sgiort aice agus chan eil lèine aige.
She hasn't got a skirt and he hasn't got a shirt.

misgear
(drunkard)

43

tha aodach agam—I have clothes
tha aodach agad—you have clothes
tha aodach aige—he has clothes
tha aodach aice—she has clothes
tha aodach againn—we have clothes
tha aodach agaibh—you (pl) have clothes
tha aodach aca—they have clothes
chan eil briogais agam—I don't have
trousers
a bheil còta agad?—have you a coat?
YES—**Tha**
NO—**Chan eil**

There is no verb "to have" in Gaelic.
We use the construction **Tha. . . aig:**
tha peann aig Iain—Iain has a pen
(literally "there is a pen at Iain")

CLEACHDADH

Tha falt agam ....
Chan eil còta mòr agam ....
A bheil lèine agad? ....
A bheil ciall agad? ....
Tha ceann mòr aige ....
Tha pìob aige ....
A bheil deise aige? ....
Chan eil fiaclan againn ....

44

1

Dè na tha leabhar stampaichean?
How much is a book of stamps?

dùinte
(closed)

Dà not agus leth-cheud sgillinn.
Two pounds and fifty pence.

2

Thoir dhomh stampa deich sgillinn air fhichead agus stampa fichead sgillinn.
Give me a 30p stamp and a 20p stamp.

3

Agus a bheil stampa deich sgillinn agad?
And have you a 10p stamp?

a' feitheamh
(waiting)

Tha.
Yes.

4

A bheil mi ann an àm airson a' phuist?
Am I in time for the post?

mmm. . . tha.
mmm. . . yes.

litir
(letter)

45

Teilefon

A bheil na stampaichean seo ceart?
Are these stamps correct?

Tha.

6

Tha na stampaichean mòra sin àlainn.
Those big stamps are gorgeous.

Dè tha ceàrr?
What's wrong?

7

poca
(bag)

46

Chan eil stampa air an litir seo!
There's no stamp on this letter!

An ath dhuine.
Next.

8

Mise.
Me.

Mise.
Me.

fichead—20
deich air fhichead—30
dà fhichead—40
leth-cheud—50
trì fichead—60
trì fichead 's a deich—70
ceithir fichead—80
ceithir fichead 's a deich—90
ceud—100

These numbers take the singular and don't affect the noun:

dà fhichead pinnt—40 pints

leabhar—book	**ann an àm**—in time
stampa—stamp	**air son**—for
ann an—in	**ceart**—right/correct
	àlainn—gorgeous
	ath—next
	dè tha ceàrr?—what's wrong?
	an ath dhuine—next (person)
	mise—me *(emphatic form)*
	litir—letter
	an stampa seo—this stamp
	an stampa sin—that stamp
	na stampaichean seo—these stamps
	na stampaichean sin—those stamps

Adjectives of one syllable are plural if the noun is plural: just add -a:

stampa mòr—a big stamp
stampaichean mòra—big stamps

duine beag—a little man
daoine beaga—little men

CLEACHDADH

Dè na tha stampa? ....

....

Dè na tha an leabhar seo? ....

....

Thoir dhomh an litir sin ....

....

A bheil leabhar stampaichean agad? ....

....

A bheil mi ann an àm? ....

A bheil sin ceart? ....

Dè tha ceàrr? ....

AIG A' CHEILIDH
(At the Cèilidh)

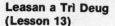

1

Seall, tha iad a' dol a-staigh.
Look, they're going in.

Tha an t-àite làn.
The place is full.

B'fheàrr leam deoch.
I'd prefer a drink.

2

Tha an deoch glè dhaor.
The drink's very dear.

Uisge beatha (whisky) £1.50

Leann £1.40 (beer)

Vodca £1.50

Tha iad a' dol a-staigh gu luath.
They're going in quickly.

3

Chan urrainn dhomh-sa dannsa ach is urrainn dhut-sa pògadh.
I can't dance but you can kiss.

48

4 **Is toigh leam an cèilidh seo.**
I like this cèilidh.

càirdean (friends)

Am bi dannsa eile againn?
Will we have another dance?

5 **Chan urrainn dhomh dannsa tuilleadh.**
I can't dance any more.

Nach gabh sinn deoch, ma tha.
Let's have a drink, then.

O, gabh mo leisgeul, a bheil thu ceart gu leòr?
Oh, excuse me—are you alright?

6

Is fheàrr leotha bhith a' dannsa. **7**
They prefer (to be) dancing.

Cha bhi iad toilichte, ach is coma.
They won't be pleased, but it doesn't matter.

8

An gabh thu deoch eile?
Will you take another drink?

Gabhaidh gu dearbh.
Yes indeed.

.49

seall—look
àite—place
làn—full
deoch—a drink
daor—dear
gu luath—quickly
dannsa—dance/dancing
pòg—a kiss
pògadh—to kiss
tuilleadh—more/any more
ceart gu leòr—alright/O.K.
toilichte—pleased/satisfied
is coma—it doesn't matter
tha mi coma—I don't care
gabhaidh mi pinnt—I'll take a pint
tha pinnt agam—I have a pint
(see page 44)

bidh—will be *(future of* tha)
bidh mi/thu/e/i/sinn/sibh/iad

cha bhi mi—I won't be
am bi thu?—Will you be?

YES—bithidh
NO—cha bhi

is urrainn dhomh—I can
is urrainn dhut—you can
is urrainn dha—he can
is urrainn dhi—she can
is urrainn dhuinn—we can
is urrainn dhuibh—you (pl) can
is urrainn dhaibh—they can

chan urrainn dhomh—I cannot
an urrainn dhut. . .?—can you. . .?

YES—is urrainn
NO—chan urrainn

CLEACHDADH

Tha mi a' dol a-staigh.....................
An gabh thu deoch? Gabhaidh ....
....
Tha an t-àite seo glè dhaor ....
....
Chan urrainn dhomh dannsa ....
Cha bhi i toilichte ....
A bheil an deoch math? ....
Am bi thu aig a' chèilidh a-nochd?
Bithidh...

Leasan a Ceithir Deug (Lesson 14) **AIG A' PHARTAIDH (At the Party)**

1

An do thòisich am pàrtaidh fhathast?
Has the party started yet?

**Thòisich.
Tha a h-uile duine air mhisg.**
*Yes.
Everybody's drunk.*

2

An do thòisich sibh tràth?
Did you start early?

Thòisich mise sa' mhadainn!
I started in the morning!

3

An do dh'ith thu càil?
Did you eat anything?

Cha do dh'ith fhathast.
Not yet.

4

Dh'ith mi gu leòr, tapadh leat.
I ate enough, thanks.

fealla-dhà
(great fun)

Dh'òl thu gu leòr, cuideachd.
You drank enough too.

làmpa

teilebhisean

sgeilp
(shelf)

leabhar

Dh'òl e cus.
He drank too much.

Dh'òl iad uile cus.
They all drank too much.

5

6 Tha gaol agam ort.
I love you.

Can sin a-rithist sa' mhadainn.
Say that again in the morning.

Cha do chrìochnaich mi an deoch.
I didn't finish the drink.

naomh
(saint)

Ach thuit thu a-mach air an uinneag.
But you fell out of the window.

7 52

Tha Gàidhlig mhath agad.
You have good Gaelic.

a' ghealach

8

O, nach ist thu!
Oh, be quiet!

THE PAST TENSE

To form the Past Tense simply LENITE *the basic form of the verb (if it begins with a vowel or* f-, *prefix* dh').
Negative is "cha do". *Question is* "an do":

tòisich—start
tuit—fall
crìochnaich—finish
òl—drink
ith—eat
falbh—go away

thòisich mi—I started
thuit mi—I fell
chrìochnaich mi—I finished
dh'òl mi—I drank
dh'ith mi—I ate
dh'fhalbh mi—I went away

cha do chrìochnaich mi—I didn't finish
cha do dh'òl mi—I didn't drink
an do thuit thu?—did you fall?
an do dh'fhalbh e?—did it go away?

gaol—love
sa' mhadainn—in the morning
a-rithist—again
gu leòr—enough
an uinneag—the window
pàrtaidh—party
cus—too much
uile—all
a h-uile duine—everybody
tràth—early

CLEACHDADH

An do thòisich sibh fhathast? ....

....

Thòisich am pàrtaidh sa' mhadainn...........

....

Cha do dh'ith mi càil................................
Dh'òl mi gu leòr......................................
Dh'ith mi cus ....
Tha gaol agam ort....................................
Can sin a-rithist, mas e do thoil e ....

....

Chan eil Gàidhlig mhath agam ....
An do chrìochnaich thu fhathast?..............

....

1

Bidh mi a' dol don tràigh a h-uile bliadhna.
I go to the beach every year.

Bidh sinn a' dol còmhla ris.
We go with him.

2

Bidh e an còmhnaidh mar seo.
It's always like this.

Bidh mi ag òl pinnt no dhà.
I drink a pint or two.

Bidh e ag òl cus.
He drinks too much.

3

Bidh Màiri a' dèanamh a h-uile rud.
Màiri does everything.

Cha bhi mi a' dèanamh càil.
I don't do anything.

54

4

Bidh Màiri a' tòiseachadh air sabaid rium.
Màiri starts fighting with me.

leisgire
(lazybones)

Bidh Sìne a' gal.
Sìne cries.

5 **Bidh Dòmhnall a' tuiteam san uisge.**
Dòmhnall falls in the water.

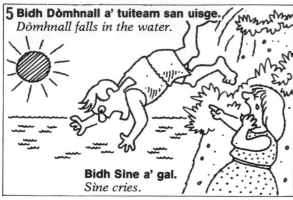

Bidh Sìne a' gal.
Sìne cries.

Bidh Dòmhnall a' briseadh cas.
Dòmhnall breaks a leg.

6 **Bidh Sìne a' gal.**
Sìne cries.

Bidh an t-uisge an còmhnaidh ann. **7**
It's always raining.

Bidh Sìne an còmhnaidh a' gal.
Sìne is always crying.

Bidh sinn a' dol dhachaigh mu dheireadh thall.
We go home at long last.

Taing do Shealbh.
Thank God.

8 55

THE PRESENT TENSE

To say "I begin", "I go" etc., use the verbal noun (the noun form of the verb, like the -ing form in English) with a' before it (ag if it begins with a vowel). Use the FUTURE form of the verb "to be" (see page 50) with it:

Gabh—take
a' gabhail—taking
bidh mi a' gabhail—I take

tog—lift
a' togail—lifting
bidh mi a' togail—I lift

tòisich—start
a' tòiseachadh—starting
bidh mi a' tòiseachadh—I start

cuir—put
a' cur—putting
bidh mi a' cur—I put

òl—drink
ag òl—drinking
bidh mi ag òl—I drink

falbh—go away
a' falbh—going away
bidh mi a' falbh—I go away

am bi thu a' falbh (togail, tòiseachadh *etc.***)?**
  YES—**bithidh**
  NO—**cha bhi**

don tràigh—to the beach
bliadhna—year
mar seo—like this
an còmhnaidh—always
tha e—he is
bidh e—he will be/he is (habitually)
cus—too much
càil—anything/nothing
sabaid—fighting/fight
a' gal—crying
uisge—rain/water
a' dèanamh—doing

1

Thèid sinn a-mach air an dùthaich a-màireach.
We'll go out into the countryside tomorrow.

An tig esan?
Will he come?

Thig.
Yes.
(He will)

2

geata — bò *(cow)*
reithe ↗ *(ram)*
caora

Chì mi caoraich an sin.
I'll see sheep there.

Am faic?
Will you?

Chì.
Yes.

3

na beanntan
loch

Chì sinn na beanntan, agus coille agus loch.
We'll see the mountains, and a wood and a loch.

4

Chì mi na h-achaidhean.
I'll see the fields.

Thèid mise a-staigh san achadh.
I'll go into the field.

Thig an tuathanach.
The farmer will come.

Thèid mise a-nise.
I'll go now.

Fuirich mionaid, thig mise còmhla riut.
Wait a minute, I'll come with you.

sràid

5

An tig ise còmhla ruinn?
Will she come with us?

parcadh toirmisgte
(no parking)

Cha tig, mo thruaighe.
No, alas.

6

7 Cuin a thig sinn don mhullach?
When will we come to the top?

Sasannach
(Englishman)

Uair a thìde fhathast.
Another hour.

am mullach

58

Cha tig iad an seo a-rithist.
They won't come here again.

Cha tèid mi don taigh-sheinnse a-nochd.
I won't go to the pub tonight.

8

THE FUTURE TENSE

Add -idh to the verb, -aidh if the verb ends with a broad consonant.

In the negative and in questions, take this ending away again:

Tog—lift
togaidh mi—I will lift
an tog mi—will I lift?

cuir—put
cuiridh mi—I will put
cha chuir mi—I will not put

ceannaich—buy
ceannaichidh mi—I will buy
cha cheannaich mi—I will not buy

falbh—go away
falbhaidh mi—I will go away
am falbh mi?—will I go away?
  falbhaidh—yes

The following are irregular:

thèid mi—I will go
cha tèid i—she won't go
thig mi—I will come
chì mi—I will see
chan fhaic mi—I won't see
am faic thu?—will you see?

---

air an dùthaich—in the country
caora—sheep *(singular)*
caoraich—sheep *(plural)*
a-màireach—tomorrow
fuirich mionaid—wait a minute
mullach—top/peak
uair a thìde—an hour('s time)

còmhla rium—(along) with me
còmhla riut—with you
còmhla ris—with him
còmhla rithe—with her
còmhla ruinn—with us
còmhla ruibh—with you (pl)
còmhla riutha—with them

CLEACHDADH

Thig mi còmhla riut a-nise ....
Chì mi a-màireach thu ....
....
Thèid mi air a' bhus ....
....
Thig i a-màireach ....
Thèid mi don taigh-sheinnse ....
....

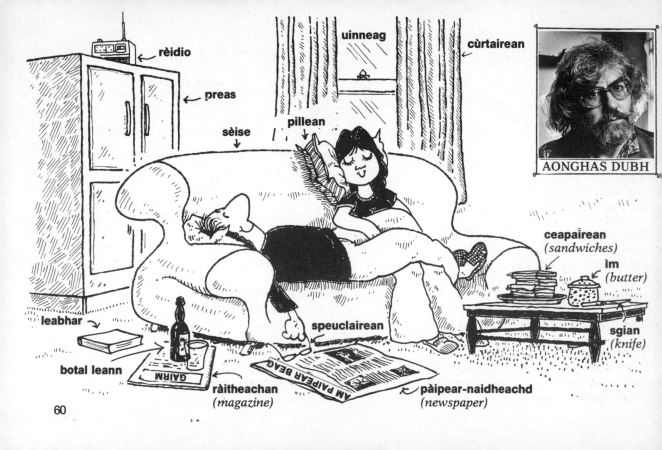

rèidio

uinneag

cùrtairean

preas

pillean

sèise

AONGHAS DUBH

ceapairean
(sandwiches)

ìm
(butter)

leabhar

speuclairean

sgian
(knife)

botal leann

GAIRM

AM PAIPEAR BEAG

ràitheachan
(magazine)

pàipear-naidheachd
(newspaper)

60

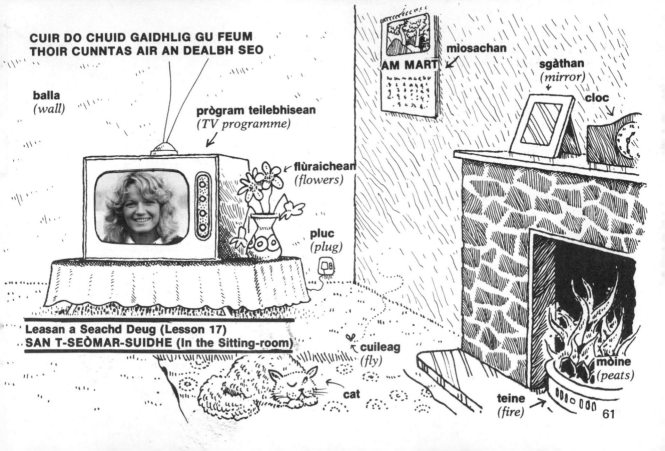

CUIR DO CHUID GAIDHLIG GU FEUM
THOIR CUNNTAS AIR AN DEALBH SEO

balla
(wall)

prògram teilebhisean
(TV programme)

flùraichean
(flowers)

pluc
(plug)

miosachan

AM MART

sgàthan
(mirror)

cloc

mòine
(peats)

teine
(fire)

cuileag
(fly)

cat

Leasan a Seachd Deug (Lesson 17)
SAN T-SEÒMAR-SUIDHE (In the Sitting-room)

61

Cò tha air an teilebhisean a-nochd?
  'S i Angela NicEachainn a tha air an
  teilebhisean.

Càite bheil am pàipear-naidheachd?
  Tha am pàipear air an làr.

Dè tha sa' phàipear?
  Naidheachd!

Dè tha a' chlann a' dèanamh?
  Tha iad san leabaidh.

FREAGAIR

Càite bheil an cat? ....
Dè tha a' chaileag a' dèanamh air an
t-sèise? ....
Càite bheil "Gairm"? ....
A bheil mòine air an teine? ....
A bheil cupan air a' bhòrd? ....
Nach eil a' chaileag àlainn? ....
Càite bheil dealbh Aonghais Duibh? ....
....
A bheil an duine air mhisg? ....
A bheil dà làimh aige? ....
An do dh'ith iad fhathast? ....
A bheil an cat ag ithe? ....
Am bu toigh leis a' chuileag? ....
Am bi iad a' dol don leabaidh? ....
A bheil fhios agad? ....
A bheil Gàidhlig mhath agad? ....

GRAMAR

Grammar

Aireamhan

Numbers

For the small numbers see page 20

For the small numbers see page 20

	COUNTING THINGS	COUNTING PEOPLE
11. a h-aon deug		
12. a dhà dheug		
13. a trì deug		
14. a ceithir deug		
15. a còig deug		
16. a sia deug	aon phinnt deug	aon duine
17. a seachd deug	dà phinnt deug	dithis
18. a h-ochd deug	trì pinnt deug	triùir
19. a naoi deug	ceithir pinnt deug	ceathrar
20. fichead	còig pinnt deug	còignear
30. deich air fhichead	sia pinnt deug	sianar
40. dà fhichead	seachd pinnt deug	seachdnar
50. leth-cheud	ochd pinnt deug	ochdnar
60. trì fichead	naoi pinnt deug	naoinear
70. trì fichead 's a deich	fichead pinnt	deichnear
80. ceithir fichead	ceud pinnt	aon duine deug
90. ceithir fichead 's a deich	millean pinnt	dà fhear dheug
100. ceud		
1,000. mìle		
1,000,000. millean		

£25—còig not air fhichead

64

 **The Time**

It is one o'clock—**tha e uair**
       two o'clock—**tha e dà uair**
       three o'clock—**tha e trì uairean**
       four o'clock—**tha e ceithir uairean**
       five o'clock—**tha e còig uairean**
       six o'clock—**sia uairean**
       seven o'clock—**seachd uairean**
       eight o'clock—**ochd uairean**
       nine o'clock—**naoi uairean**
       ten o'clock—**deich uairean**
       eleven o'clock—**aon uair deug**
       twelve o'clock—**dà uair dheug**

Other useful words

mionaid—minute
meadhan-latha—midday
meadhan-oidhche—midnight
sa' mhadainn—in the morning
san oidhche—at night
feasgar—(in the) afternoon

gu—to
an dèidh—after/past
leth-uair—half an hour
cairteal—quarter

2.30—tha e leth-uair an dèidh a dhà
3.15—tha e cairteal an dèidh a trì
7.45—tha e cairteal gu a h-ochd
5.05—tha e còig mionaidean an dèidh a còig

aig sia uairean—at six o'clock
aig deich mionaidean an dèidh a seachd
—at 7.10
dè an uair a tha e?—what's the time?

Ceistean

Questions

WHERE IS/ARE **Càite bheil:**
càite bheil mi a-nise?—where am I now?

WHERE WAS/WERE **Càite robh:**
càite robh thu an-dè?—where were you yesterday?

HOW **Ciamar (a):**
ciamar a rinn thu sin?—how did you do that?
ciamar a tha thu—how are you?

WHAT **Dè:**
dè tha sin?—what's that?
dè an t-ainm a tha ort?—what's your name?

WHEN **Cuin (a):**
cuin a thòisich thu?—when did you start?

HOW MUCH *(money)* **Dè na:**
dè na tha seo?—how much is this?

HOW MUCH/HOW MANY **Cia mheud:**
cia mheud a tha agad?—how much have you got?
cia mheud duine a tha an seo?—how many people are here?

WHY **Carson:**
carson a tha sinn a' fuireach?—why are we waiting?

Buadhairean agus Co~Ghnìomhairean

Adjectives and Adverbs

Put the adjective *after* the noun:

càr brèagha—a fine car

After a feminine noun, lenite an adjective:

caileag bhòidheach—a beautiful girl

After a plural noun, add -a to an adjective of only one syllable, but leave others alone:

oraindsearan mòra—big oranges
caileagan bòidheach—beautiful girls

Make an adverb by putting "gu" in front of the adjective:

càr luath—a fast car *(adjective)*
ruith e gu luath—he ran quickly *(adverb)*

Sèimheachadh

One of the most confusing things for learners of Gaelic is the way the *beginnings* of words change by the process called LENITION. This involves putting an ''h'' after the consonant and thus changing its sound: see page 8 for the details of pronunciation.

The rules for *when* a word should be lenited are complicated, and riddled with exceptions. The best you can do is to learn these few basic rules and hope to pick up the rest. You will usually be understood even if you get the grammar wrong.

RULES FOR LENITION

A. Verbs
  a. past tense
  thòisich mi—I began/started

  b. after *cha* in the future
  cha cheannaich mi—I won't buy

B. Nouns
  a. after *mo* (my), *do* (your), *a* (his):
  mo thaigh—my house
  do chas—your foot

  a bhrògan—his shoes

  b. feminine nouns after the article *a':*
  a' chaileag—the girl

  c. masculine nouns in genitive after article *a':*
  pòcaid a' chòta—the pocket of the coat

  d. nouns in the genitive plural, without the article:
  bocsa bhrògan—a box of shoes

  e. after numbers *aon* and *dà* (1 and 2):
  aon bhoireannach—one woman
  dà bhradan—two salmon
  and after *ciad*, ''first'':
  a' chiad mhadainn—the first morning

  f. after prepositions followed by the article:
  don bhùth—to the shop
  air a' bhòrd—on the table
  and after *do*, ''to'', and *de*, ''from'', without the article:
  thoir do Sheumas e—give it to Seumas
  fiach not de pheatroil—a pound's worth of petrol

  g. after *a* when addressing someone

C. Adjectives after feminine nouns:
  cuileag bhòidheach—a beautiful fly

Gnìomhairean

The basic simplest form of a verb is used for its IMPERATIVE form, that is, for giving orders:

tog e—lift it
tòisich a-nise—start now

Each verb also has a VERBAL NOUN, formed most often by adding an ending to the Imperative form (see page 70). For the verbal noun *dèanamh*, for instance, the English equivalent may be either "to do" or "doing".

THE PRESENT TENSE

The verb "to be" has a simple present tense, *tha*, "is", but otherwise the present tense in Gaelic is *habitual*. It is formed, as described on page 56, with the *future* form of the verb "to be", followed by *ag* or *a*', followed by the verbal noun:

bidh sinn ag ionnsachadh Gàidhlig—
we learn Gaelic

cha bhi mòran uisge ann—
it doesn't rain much

THE PAST TENSE

The Past Tense is formed by leniting the Imperative form:

tòisich—start
thòisich mi—I started

Verbs beginning with a vowel or *f* have *dh'* prefixed:

ith—eat; **fuirich**—wait
dh'ith mi—I ate; **dh'fhuirich mi**—I waited

THE FUTURE TENSE

Add *-idh* or *-aidh* (depending on whether the verb ends in a broad consonant or a slender one) to the Imperative form:

tog—lift
togaidh mi—I will lift

ceannaich—buy
ceannaichidh sinn—we will buy

NEGATIVES and QUESTIONS

cha (chan before vowels) is the NEGATIVE
   particle.
an is used before the verb to introduce a
   QUESTION.
nach is used before the verb to introduce a
   NEGATIVE QUESTION (*e.g.* "is he not big?")

In the PAST TENSE, these three Particles must
be followed by "do" before the verb:

thog mi a-mach e—I lifted it out
cha do thog mi a-mach e—I didn't lift it out

rinn iad e—they did it
nach do rinn iad e?—did they not do it?

an do dh'ith thu e?—did you eat it?
   YES—**dh'ith**
   NO—**cha do dh'ith**

In the Future Tense the three Particles are
followed by the Imperative (basic) form of the
verb (in other words, the Future ending *-idh/-aidh*
is removed after them):

ceannaich e—buy it
an ceannaich thu e?—will you buy it?
ceannaichidh mi e—I will buy it

togaidh Iain e—Iain will lift it
cha tog mise e—I won't lift it

YES and NO

There are no words corresponding to "Yes" and
"No". You answer with the same verb as in the
question, in the same tense:

An tàinig thu Diluain?—Did you come on
Monday?
   YES—**thàinig**
   NO—**cha tàinig**

A bheil thu tinn?—Are you sick?
   YES—**tha**
   NO—**chan eil**

An t~Ainmear Briathair

The Verbal Noun

Verbal Nouns are made in all sorts of different ways, and there seem to be no rules at all! You'll just have to pick them up as you go along.

You will notice that many are formed by adding -*(e)adh;* that -*ich* verbs often have -*eachadh* verbal nouns; that some verbs don't change at all. But you can't be sure—there aren't any rules.

This list gives some of the most important verbal nouns:

abair(say)	**ag ràdh** (saying)
bris (break)	**a' briseadh**
buail (strike)	**a' bualadh**
caoin (weep)	**a' caoineadh**
ceannaich (buy)	**a' ceannach**
cluich (play)	**a' cluich**
crìochnaich (finish)	**a' crìochnachadh**
cuimhnich (remember)	**a' cuimhneachadh**
cuir (put)	**a' cur**
dèan (do)	**a' dèanamh**
dùin (close)	**a' dùnadh**

èirich (rise)	**ag èirigh**
fàg (leave)	**a' fàgail**
faighnich (enquire)	**a' faighneachd**
falbh (go away)	**a' falbh**
fàs (grow)	**a' fàs**
fosgail (open)	**a' fosgladh**
fuirich (wait)	**a' fuireach**
gabh (take)	**a' gabhail**
geàrr (cut)	**a' gearradh**
iarr (request)	**ag iarraidh**
innis (tell)	**ag innse**
ionnsaich (learn)	**ag ionnsachadh**
ith (eat)	**ag ithe**
leugh (read)	**a' leughadh**
mol (praise)	**a' moladh**
nigh (wash)	**a' nighe**
òl (drink)	**ag òl**
reic (sell)	**a' reic**
ruith (run)	**a' ruith**
seinn (sing)	**a' seinn**
sgrìobh (write)	**a' sgrìobhadh**
smaoinich (think)	**a' smaoineachadh**
thèid (go)	**a' dol**
thig (come)	**a' tighinn**
tog (lift)	**a' togail**
toir (give)	**a' toirt**
tòisich (start)	**a' tòiseachadh**
tuit (fall)	**a' tuiteam**

REGULAR VERBS	Fàg "leave"	Cuir "put"	Ceannaich "buy"
IMPERATIVE	fàg	cuir	ceannaich
VERBAL NOUN	fàgail	cur	ceannach
PRESENT Habitual	bidh mi a' fàgail	bidh mi a' cur	bidh mi a' ceannach
FUTURE Independent	fàgaidh	cuiridh	ceannaichidh
FUTURE Dependent (on *cha, an, nach*)	chan fhàg, am fàg, nach fhàg	cha chuir, an cuir, nach cuir	cha cheannaich, an ceannaich, nach ceannaich
PAST Independent	dh'fhàg	chuir	cheannaich
PAST Dependent	cha do dh'fhàg	cha do chuir	cha do cheannaich

IRREGULAR VERBS

| IMPERAT-IVE | FUTURE | | PAST | | VERBAL NOUN |
	Independent	Dependent	Independent	Dependent	
thèid (go)	**thèid**	**tèid**	**chaidh**	**deachaidh**	**dol**
thig (come)	**thig**	**tig**	**thàinig**	**tàinig**	**tighinn**
dèan (do)	**nì**	**dèan**	**rinn**	**do rinn**	**dèanamh**
thoir (give)	**bheir**	**toir**	**thug**	**tug**	**toirt**
faigh (get)	**gheibh**	**faigh**	**fhuair**	**d'fhuair**	**faighinn**
faic (see)	**chì**	**faic**	**chunnaic**	**faca**	**faicinn**
cluinn (hear)	**cluinn**	**cluinn**	**chuala**	**cuala**	**cluinntinn**
abair (say)	**their**	**abair**	**thubhairt**	**tubhairt**	**ràdh**
beir (grab)	**beir**	**beir**	**rug**	**do rug**	**breith**
bi (be)	**bidh/ bithidh**	**bi**	**bha**	**robh**	**bhith**

The verb to be *also has a present tense:*
   independent form: **tha**
   dependent forms: **a bheil?, chan eil, nach eil**

THE GENITIVE

This is a special form of the noun meaning "of the", *e.g.*

deoch—drink
doras—door
deoch an dorais—parting drink (*lit.* "drink of the door")

No matter how long you study Gaelic the genitive will give you trouble. At this stage just aim to pick it up as you go along.

You have already met some genitives in this book:

taigh—house
fear an taighe—landlord ("man of the house")

Post—Post
Oifis a' Phuist—Post Office ("Office of the Post")

Genitives are formed in several different ways. In some nouns the final consonant is made slender, in some an **-e** or an **-a** is added, and in some there is no change.

THE ARTICLE WITH THE GENITIVE

When there are two nouns with the second in the genitive (*e.g.* "the top of the hill"), the first noun NEVER has an article in Gaelic.

With masculine nouns in the genitive use *a'* and lenite the noun:

airgead—money
mo chuid airgid—my money (*lit.* "my share of money")

baile-mòr—town
sluagh a' bhaile-mhòir—the people of the town

bòrd—table
cas a' bhùird—the leg of the table

caolas—narrows
baile a' chaolais—the town of the narrows

cladach—shore
feamainn a' chladaich—the seaweed of the shore

With feminine nouns use *na*:

bliadhna—year
toiseach na bliadhna—the beginning of the year

cearc—hen
uighean na circe— the hen's eggs

Some Plurals

As with Verbal Nouns, Plurals of nouns may be
formed in various ways, and there are no simple rules.
Here are some important plurals to learn:

achadh (field)	**achaidhean**
àite (place)	**àiteachan**
balach (boy)	**balaich**
bàta (boat)	**bàtaichean**
beinn (mountain)	**beanntan**
boireannach (woman)	**boireannaich**
bòrd (table)	**bùird**
bùth (shop)	**bùithtean**
caileag (girl)	**caileagan**
càr (car)	**càraichean**
caraid (friend)	**càirdean**
cas (foot)	**casan**
ceann (head)	**cinn**
duine (man)	**daoine**
làmh (hand)	**làmhan**
latha (day)	**lathaichean**
oidhche (night)	**oidhcheannan**
rud (thing)	**rudan**
sgillinn (penny)	**sgillinnean**
spàin (spoon)	**spàinean**
uair (hour)	**uairean**

THE ARTICLE

Basically the singular article is *an:*
  an ceann—the head

When the following noun is lenited, however, the article is
a' (lenition occurs with the article when the noun is
feminine and when the article is preceded by a
preposition):
  a' chaileag—the girl
  air a' bhòrd—on the table

But there is no lenition (and *an* remains) when the noun
begins with *t* or *d:*
  aig an doras—at the door

When a (masculine) noun begins with *b, f, m,* or *p* the arti-
cle is *am:*
  am bus—the bus
  am feur—the grass

The article is *na* in the genitive of feminine nouns (see
page 73) and in plurals:
  na geataichean—the gates

In the genitive plural the form is *nan:*
  achadh nan cat—the field of the cats

And this changes to *nam* before *b, f, m, p:*
  mullaichean nam beann—the tops of the mountains

Prepositions

In Gaelic simple prepositions combine with pronouns to make single words:

air (on) + **mi** (me) = **orm**

	air (on)	le (with)	aig (at)	do (to/for)
me	orm	leam	agam	dhomh
you	ort	leat	agad	dhut
him/it	air	leis	aige	dha
her/it	oirre	leatha	aice	dhi
us	oirnn	leinn	againn	dhuinn
you (pl)	oirbh	leibh	agaibh	dhuibh
them	orra	leotha	aca	dhaibh

SOME IDIOMS WITH PREPOSITIONS

1. **Is toigh le**—*like*
   Is toigh leam tì—I like tea

2. **Is fheàrr le**—*prefer*
   Is fheàrr leam cofaidh—I prefer coffee

3. **Is urrainn do**—*can*
   Is urrainn dhomh ruith—I can run

4. **Tha. . . aig**—*have*
   Tha airgead agam—I have money

5. **Tha fhios agam**—I know

6. **Tha eagal orm**—I'm afraid
   Tha cabhag orm—I'm in a hurry

7. **Tha an t-acras orm**—I'm hungry
   Tha an cnatan orm—I have a cold

8. **Thoir do**—give (to)
   Thoir dhomh an leabhar sin—give me that book

75

FACLAIR
Gàidhlig~Beurla

GAELIC-ENGLISH VOCABULARY

f.—feminine noun

Numbers refer to pages

A

a—*prefix used in counting* 20
a—his 67
a'—*form of* an, "the" 73
a'—*form of* aig, "at" 56
abair—say 72
ach—but 33
achadh—field 74
acras—hunger 75
ad—hat 15
ag—*form of* aig *with verbal nouns* 56
aig—at 75
agus—and 20
a h-uile—every 51
aimsir *f.*—weather 17
ainm—name 66
ainmear—noun 70
air—on 75
   air cùl—behind 34
àireamh—number 20
airgead—money 73
air son—for 47
àite—place 50
àlainn—gorgeous, beautiful 47

ann an—in *(preposition)* 47
am—*form of* an, "the" 74
àm—time 47
   ann an àm—in time 47
a-mach—out(wards) 14
amadan—fool 41
a-màireach—tomorrow 59
a-muigh—outside 34
an—the 74
an-dè—yesterday 66
an dèidh—after 65
an-dràsda—just now 17
a-nise—now 17
a-nochd—tonight 26
an seo—here 26
aodach—clothes 44
aon—one 20
   aon neach—one person 26
aran—bread 31
a-rithist—again 5
às—from 29
a-staigh—in *(adverb)* 14
ath—next 47

B

baile—town 73
  baile-mòr—town 27
bainne—milk 31
balach—boy 74
balgair—beast 13
balla—wall 61
banana—banana 30
bàr—bar 49
bàta—boat 74
beag—small 47
beagan—a few 32
beinn *f.*—mountain 57
beir (air)—grab 72
beul—mouth 42
Beurla *f.*—English (language) 77
bheil, bhith, bi, bidh, bithidh—*forms of*
                  tha, "is"

sam bith—any 32
bliadhna *f.*—year 56
blabhs—blouse 42
bò *f.*—cow 57
bobhla—bowl 40
bocsa—box 32
bòidheach—beautiful 19
boireannach—woman 32
bòrd—table 73
bòtainn—boot 42
botal—bottle 60
brà—bra 42
bracaist *f.*—breakfast 39
bradan—salmon 30

brèagha—fine 23
breith—grabbing 72
briathar—verb 70
briogais *f.*—trousers 42
bris—break 70
bròg *f.*—shoe 42
broilleach—breast 42
brusgar—rubbish 36
bu—*past tense of* **is, "is"** 26
buail—strike 70
bùidsear—butcher 34
buntàta—potato(es) 31
bus—bus 27
bùth *f.*—shop 30

C

cabhag *f.*—haste 75
cabhsair—pavement 27
càil—anything/nothing 41
caileag *f.*—girl 20
càirdean—friends 74
cairt-bìdh—menu 40
cairteal—quarter 65
càise—cheese 30
càite—where 66
càl—cabbage 30
can—say 52
canastair—can, tin 32
caoineadh—weeping 70
caolas—narrows, strait 73
caora, *pl.* **caoraich** *f.*—sheep 59

càr—car 21
caraid—friend 74
carson—why 66
cas *f.*—foot/leg 42
cat—cat 61
cathair *f.*—chair 18
ceann—head 42
ceapaire—sandwich 60
cearc *f.*—hen 73
ceàrr—wrong 47
ceart—right 29
  ceart gu leòr—alright 29
ceathrar—four people 64
cèic *f.*—cake 41
cèilidh—a *cèilidh* 48
ceithir—four 20
ceò—smoke 19
ceud—a hundred 64
ceum—path 36
cha, chan—not 69
chaidh—went 72
chì—will see 72
chuala—heard 72
chunnaic—saw 72
ciall *f.*—sense 43
cia mheud—how much 66
cladach—shore 73
clann *f.*—children 62
cleachdadh—practice 14
clì—left (hand) 34
cloc—clock 61
cluas *f.*—ear 42
cluich—play 70

S

's—*form of* **agus,** "and" 64
sa', san—in the 20
sabaid *f.*—fight 56
sabhs—sauce 39
sam bith—any 32
salach—dirty 30
salann—salt 40
saor—cheap 20
Sasannach—Englishman 58
'se, 'si—it is 62
seacaid *f.*—jacket 42
seachd—seven 20
seachdnar—seven people 64
seachdain *f.*—week 38
seadh—yes 29
seall—look 50
sèimheachadh—lenition 67
seinn—sing 70
sèise—settee 60
seo—this 47
  seo dhut—here you are 23
seòmar-suidhe—sitting-room 61
sgàthan—mirror 61
sgeilp *f.*—shelf 52
sgian *f.*—knife 40
sgillinn *f.*—penny 29
sgiort—skirt 42
sgòrnan—throat 42
sgòthach—cloudy 16
sgrìobh—write 70
sia—six 20

siabann—soap 30
sianar—six people 64
sibh—you *(plural)* 26
silidh—jam 30
sin—that 47
sinn—we 26
sìth *f.*—peace 31
siùcar—sugar 31
siuga *f.*—jug 40
slàn leat—good-bye 14
sluagh—people 73
smaoinich—think 70
snog—nice 19
spàin *f.*—spoon 40
speuclairean—spectacles 42
sràid *f.*—street 58
sròn *f.*—nose 42
stampa—stamp 47
stocainn *f.*—sock 42
stòl—stool 18
suidheachan—a seat 36
sùil *f.*—eye 42

T

taidhe—a tie 42
taigh—house 73
  taigh-beag—toilet 35
taing: taing do Shealbh—thank God 55
tapadh leat—thank you 14
teine—fire 20
teth—hot 17

tha—is 72
thàinig—came 72
thalla—get away 14
ticeard—ticket 29
tìde—time 59
timcheall—round 35
tinn—sick 69
toigh: is toigh leam—I like 41
tost—toast 41
toilichte—pleased 50
toirmisgte—prohibited 58
toitean—cigarette 18
tòisich—start 70
tràigh *f.*—beach 56
tràth—early 26
triùir—three people 64
tuathanach—farmer 57
tuilleadh—(any) more 50
tuit—fall 70

U

uabhasach—awful 19
uair—hour 65
ubhall *(pl.* **ùbhlan)**—apple 32
ugh—egg 32
uile—all 53
uinneag *f.*—window 53
uisge—water/rain 56
urrainn: is urrainn dhomh—I can 75

FACLAIR
Beurla~Gàidhlig

ENGLISH-GAELIC VOCABULARY

A

after—an dèidh
afternoon—feasgar
again—a-rithist
all—uile
alright—ceart gu leòr
also—cuideachd
always—an còmhnaidh
and—agus
another—eile
any—sam bith
anything—càil, rud sam bith
apple—ubhall
arm—gàirdean
ask (a question)—faighnich
ask (request)—iarr
at—aig
awful—uabhasach

B

bad—dona
bag—poca
banana—banana
bar—bàr
beach—tràigh
beard—feusag
beast—balgair
beautiful—bòidheach
bed—leabaidh
beer—leann
begin—tòisich
beginning (noun)—toiseach
behind—air cùl
belly—brù
big—mòr
bird—eun
black—dubh
blanket—plaide
blouse—blabhs
body—corp
book—leabhar
boot—bòtainn
bottle—botal
bowl—bobhla
box—bocsa

bra—bra
bread—aran
breakfast—bracaist
breast—broilleach
bus—bus
but—ach
butcher—bùidsear
butter—ìm
buy—ceannaich

C

cabbage—càl
cake—cèic
calendar—mìosachan
a can—canastair
can (is able to)—is urrainn do
car—càr
care: I don't care—tha mi coma
carrot—curran
cat—cat
certain—dearbh
chair—cathair
change (money)—iomlaid

chauvinist—seòbhaineach
cheap—saor
cheese—càise
children—clann
church—eaglais
cigarette—toitean
cinema—taigh-dhealbh
clock—cloc
close *(verb)*—dùin
clothes—aodach
cloudy—sgòthach
coat—còta
coffee—cofaidh
come—thig
coming—tighinn
comfortable—cofhurtail
corner—oisein
correct—ceart
country—dùthaich
cow—bò
crying—gal
cup—cupan
curtains—cùrtairean
cushion—pillean

D

dance—dannsa
dear (expensive)—daor
dinner—diathad
dirty—salach
do—dèan

dog—cù
door—doras
dress—froca
drink *(verb)*—òl
a drink—deoch
drunk—air mhisg
drunkard—misgear

E

each—. . . an duine *(of people)*
   . . . am fear *(of things)*
ear—cluas
early—tràth
eat—ith
egg—ugh
eight—ochd
end—deireadh
English (language)—Beurla
Englishman—Sasannach
enough—gu leòr
evening—feasgar
every—a h-uile
excuse me—gabh mo leisgeul
eye—sùil

F

factory—factoraidh
fall—tuit
farmer—tuathanach

a few—beagan
field—achadh
fifty—leth-cheud
fight—sabaid
fine—brèagha
finish—crìochnaich
fire—teine
five—còig
floor—làr
flower—flùr
fly—cuileag
fool—amadan
foot—cas
for—do, air son
fork—forc
forty—dà fhichead
four—ceithir
free—saor
friend—caraid
frock—froca
from—o
full—làn

G

gate—geata
get—faigh
get away—thalla
girl—caileag
give—thoir
glass—glainne
glasses—speuclairean

go—thèid
go away—falbh
good—math
  good-day—latha math
  good-night—oidhche mhath
goodbye—slàn leat
gorgeous—àlainn

H

hair—falt
half-hour—leth-uair
hand—làmh
handkerchief—neapaigear
hat—ad
have—tha. . . aig. . .
he—e
head—ceann
here—an seo
  here is. . .—seo. . .
his—a
home(wards)—dhachaigh
hot—teth
hotel—taigh-òsda
hour—uair
house—taigh
how—ciamar
  how much—cia mheud, dè na
hundred—ceud

I

in—ann an
indeed—gu dearbh
inside—a-staigh
in the—sa', san
it—e

J

jacket—seacaid
jam—silidh
jug—siuga
just now—an-dràsda

K

kiss—pòg

L

lamp—làmpa
late—fadalach
lazybones—leisgire
left (hand)—clì
leg—cas
letter—litir
library—leabhar-lann
like: I like—is toigh leam

like/as—mar
little—beag
loaf—lof
loch—loch
a lot—mòran
love—gaol
lucky—fortanach

M

magazine—ràitheachan
make—dèan
male—fireann
man—duine
manager—manaidsear
many—mòran
matter: it doesn't matter—is coma
menu—cairt-bìdh
merriment—fealla-dhà
midnight—meadhan-oidhche
milk—bainne
minute—mionaid
mirror—sgàthan
monster—uilebheist
money—airgead
moon—gealach
more—tuilleadh
morning—madainn
mountain—beinn
mouth—beul
much—mòran
my—mo

my money—mo chuid airgid

N

news—naidheachd
newspaper—pàipear-naidheachd
next (person)—an ath dhuine
nice—snog
night—oidhche
nine—naoi
ninety—ceithir fichead 's a deich
nose—sròn
now—a-nise
  just now—an-dràsda
number—àireamh

O

office—oifis
on—air
one—aon
or—no
orange—oraindsear
other—eile

P

paper—pàipear
pardon me—gabh mo leisgeul
party—pàrtaidh

past *(preposition)*—an dèidh
path—ceum
pavement—cabhsair
peace—sìth
peas—peasair
peat—mòine
people—daoine
pepper—piobar
person—duine
petticoat—còta-bàn
petrol—peatroil
picture—dealbh
pig—muc
pint—pinnt
pipe—pìob
place—àite
plate—truinnsear
please—mas e do thoil e
pleased—toilichte
plug—pluc
pocket—pòcaid
potato(es)—buntàta
portion—cuid
Post Office—Oifis a' Phuist
pound (money)—not
  (weight)—pùnnd
practice—cleachdadh
prefer: I prefer—is fheàrr leam
    I would prefer—b'fheàrr leam
a press—preas
programme—prògram
pub—taigh-seinnse
put—cuir

Q

quarter—cairteal
question—ceist
quickly—gu luath

R

radio—rèidio
rain—uisge
ram—reithe
ready—deiseil
right/correct—ceart
right (hand)—deis
road—rathad
room—seòmar
round *(preposition)*—timcheall
rubbish—brusgar
run—ruith

S

saint—naomh
salmon—bradan
sand—gainmheach
sandwich—ceapaire
sauce—sabhs
say—can
sea—muir
seat—suidheachan
see—faic

self—fhèin
sell—reic
sense—ciall
settee—sèise
seven—seachd
seventy—trì fichead 's a deich
share—cuid
she—i
sheep—caora, *pl.* caoraich
shelf—sgeilp
shirt—lèine
shoe—bròg
shop—bùth
sidewalk—cabhsair
sitting-room—seòmar-suidhe
six—sia
sixty—trì fichead
skirt—sgiort
small—beag
smoke—ceò
soap—siabann
sock—stocainn
soup—brot
space—iarmailt
spectacles—speuclairean
spoon—spàin
stamp—stampa
start *(verb)*—tòisich
stay—fuirich
stool—stòl
street—sràid
sugar—siùcar
suit—deise

T

suitcase—màileid
sun—grian
sure—dearbh

table—bòrd
tea—tì
teeth—fiaclan
telephone—teilefon
television—teilebhisean
ten—deich
terrible—eagalach
thank God—taing do Shealbh
thank you—tapadh leat
that—sin
the—an
there—an sin
these—seo
thing—rud
thirty—deich air fhichead
this—seo
those—sin
three—trì
throat—sgòrnan
ticket—ticeard
tie—taidhe
time—uair
a tin—canastair
to—do
toast—tost
toilet—taigh-beag
tomorrow—a-màireach

tonight—a-nochd
too/also—cuideachd
too much—cus
top/peak—mullach
town—baile-mòr
tree—craobh
trousers—briogais
twenty—fichead
two—dà
  two people—dithis

U

underpants—drathars

V

value—fiach
very—glè
village—baile
vodka—vodca

W

wait—fuirich
waiting—fuireach, feitheamh
walking—coiseachd
wall—balla
water—uisge
weather—aimsir

week—seachdain
welcome—fàilte
well—gu math
weep—caoin
what—dè
wheel—cuibhle
when—cuin
where—càite
  where from—co às
whisky—uisge-beatha
who—cò
why—carson
window—uinneag
with—le, còmhla ri
woman—boireannach
worth—fiach
 a wood—coille
work—obair
wrong—ceàrr

Y

year—bliadhna
yesterday—an-dè
yet—fhathast
you—thu, *pl.* sibh
your—do
  your money—do chuid airgid

Toirt taic-airgid do Phrograman Gaidhlig

Telefios – Grampian.

Craobh nan Ubhal – The Aipple Tree.

Ainm a' Ghaidheil – Fianais.

Seotal – Media nan Eilean.

As an Eilean – Pelicula.

Machair – STV.

CTG

COMATAIDH TELEBHISEIN GAIDHLIG

GAELIC TELEVISION COMMITTEE

4 Acarsaid   Cidhe Sràid Chrombail   Steòrnabhagh   Eilean Leòdhais   PA87 2DF   4 Harbour View   Cromwell Street Quay   Stornoway   Isle of Lewis   PA87 2DF

COMUNN NA GÀIDHLIG

SIUTHAD!
Siuthad! — Come on!

Now that you have read the book you will know that Gaelic really is fun. So, why not try the new Gaelic course **SIUTHAD!** which progresses the learner from the complete beginner stage to being able to converse competently.

Siuthad! Come on — why not give it a try!

Details of the course available from: *Acair Ltd., 7 James Street, Stornoway, Isle of Lewis, PA87 2QA.*

Comunn Na Gàidhlig

Working for the promotion

of the

Gaelic   language.

For more information contact
*5 Mitchell's Lane, Inverness
1V2 3HQ*

COMUNN NA GÀIDHLIG

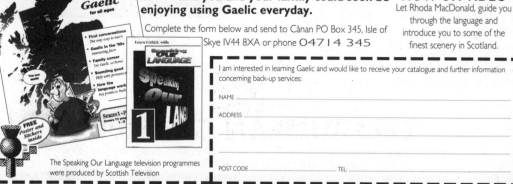